Susanne Bohne / Hallo liebe Wolke

Wilma Wochenwurms'
wunderbare Weihnachtsgeschichte

Bibliografische Information der Deutschen Nationalbibliothek:
Die Deutsche Nationalbibliothek verzeichnet diese Publikation in der Deutschen
Nationalbibliografie; detaillierte bibliografische Daten sind im Internet über dnb.dnb.de
abrufbar.

Herstellung und Verlag:
BoD – Books on Demand, Norderstedt

ISBN: 9783750419421

Dieses Buch gehört

Die kleine, und doch schon ziemlich große Marie wurde vor sechs Jahren in einer bitterkalten Winternacht geboren, während es draußen stürmte und schneite. In dieser Winternacht war es nicht nur eiskalt, so dass alle Menschen mit roten Nasen und kalten Füßen in ihren Betten lagen und vom Sommer träumten, nein, nein. In dieser Nacht, genau in dem Moment als Marie, die heute sechs Jahre alt war, geboren wurde, hatten ihre Mama, und danach auch noch ihr Papa, Schluckauf. Ihre Eltern fanden das bis heute sehr lustig und erzählten Marie oft die Geschichte über ihre Geburt. Und den Schluckauf.

Daran erinnern, wie das damals war, konnte sich Marie natürlich nicht. Was ja klar wie Kloßbrühe ist. Denn niemand kann sich an seine Geburt erinnern, das hatte Marie schon öfter gehört. Und sie selbst konnte es auch nicht. Aber darüber nachdenken, das tat Marie häufig. Und das hatte einen ganz besonderen Grund.

Heute stand sie mit ihrem schneeweißen Kater Kunibert, den Marie meist nur „Kuni" nannte, im Garten hinter dem Haus und dachte wieder über die eiskalte Winternacht, in der sie geboren worden war, und über den Schluckauf ihrer Eltern nach, während dicke Schneeflocken ihre Nase kitzelten.

In ein paar Tagen war Weihnachten und darauf freute sich Marie wirklich sehr. Sie konnte sich nichts Schöneres als Weihnachten und den Tannenbaum und all die wunderbaren Lichter vorstellen.

Mit Kuni baute Marie erst einen Schneemann und danach suchte sie ihren weißen Kater, der sich leise fortgeschlichen hatte und sich im Schnee fast unsichtbar machen konnte. Sie entdeckte ein paar Fußspuren im Schnee, aber die gehörten wohl nicht Kuni. Oder doch?

Entdeckst du Kuniberts Fußspuren?
Und weißt du, von wem die anderen stammen?

(Lösung: 1 = Vogel, 2 = Hase, 3 = Katze, 4 = Eichhörnchen)

Wie sehen deine Fußspuren im Schnee aus?
Hier kannst du sie malen.

Marie suchte und suchte. Aber Kater Kunibert blieb verschwunden.

Deswegen rief sie laut in das Schneegestöber: „Bunikert! Bunikert, wo bist du?"

Ach nein, dachte Marie. *Jetzt geht das wieder los!*

Marie, und das mochte sie gar nicht, verwechselte hin und wieder die Buchstaben und die Silben.

Und das hatte wohl damit zu tun, dass ihre Eltern bei ihrer Geburt Schluckauf hatten. Anders konnte sich Marie das nicht erklären. Obwohl sie ja wirklich sehr oft über eine Erklärung nachdachte.

Im Sommer war Marie in die Schule gekommen und da passierte ihr das Buchstabenverdrehen auch manchmal. Dann sagte sie, zum Beispiel, zu ihrem Lesebuch „Beseluch". Und Hatheheft. Statt Matheheft.

Einmal öffnete sie ihre Butterbrotdose in der großen Pause und rief: „Oh, klasse! Ein Bäsekrötchen. Und Traubweinen!"

Und dann lachten ihre Mitschüler und das fand Marie wirklich zu blöd. Aber, was sie gegen das Verwechseln der Buchstaben unternehmen könnte, das wusste sie nicht, obwohl sie sich oft sehr auf die Worte konzentrierte, um sie richtig auszusprechen.

Jetzt gerade konzentrierte sich Marie allerdings erstmal auf Kuni. Denn den weißen Kater hatte Marie im Schnee immer noch nicht finden können und deswegen ging sie zurück ins Haus und berichtete ihrer Mama: „Bunikert ist verschwunden. Ich kann ihn draußen nicht entdecken!"

Ihre Mama meinte, dass er ganz sicher bald wieder nach Hause kommen würde. Und dann fragte sie: „Kennst du eigentlich das Lied ‚A B C, die Katze lief im Schnee'?"

„Jaaa", antwortete Marie. Das Lied kannte sie schon lange und dann musste sie es unbedingt singen.

A B C, die Katze lief im Schnee.

Und als sie dann nach Hause kam,

da hatt' sie weiße Stiefel an.

O je-mi-ne, o je-mi-ne,

o je-mi-ne, o je!

Kennst du es auch? Dann sing es doch mit Marie gleich noch einmal!

Da musste Marie sehr lachen, denn Kuni trug ja immer weiße Stiefel. Selbst im Sommer. Denn weiß waren seine Beine und Pfötchen sowieso. Aber bestimmt hatte ihre Mama recht und der kleine Kater würde gleich ganz von selbst wieder nach Hause kommen.

„Weißt du, was wir jetzt machen?", fragte Maries Mama.

„Nein, was denn?", fragte Marie zurück.

„Wir machen ein Lebkuchenhaus. Aus Butterkeksen. Und wenn wir damit fertig sind, wird Kunibert auch wieder hier sein. Ganz bestimmt. Einverstanden?"

Damit war Marie sehr einverstanden. Auch, weil sie es so sehr mochte, mit ihrer Mama in der Adventszeit leckere Plätzchen und allerlei andere süße Sachen zu backen und zuzubereiten. Das war wirklich so schön!

„Au ja" rief Marie.

„Hebkuchenlaus! Hebkuchenlaus!"

Maries Mama musste ein bisschen über das Buchstabenverwechseln schmunzeln. Weil manchmal einfach wirklich lustige Worte dabei herauskamen. Aber Marie, die schmunzelte nicht. Die war wütend. Auf sich selbst. Sie verschränkte plötzlich die Arme und schmollte.

„Ach, Marie", sagte ihre Mama mitfühlend. „Sei nicht sauer. Weißt du, das Buchstabenverdrehen kann nicht jeder. Das ist ganz schön schwierig, wenn man es versuchen will. Und du kannst es ganz von allein. Oder?"

Marie wollte das aber nicht können. Auch nicht ganz von allein. Und
schwierig war das auch nicht, sondern
nur ganz schön blöd.

"Komm mal her, mein kleines
Mäuschen. Ich umarme dich **ganz**
fest, dann geht's bestimmt wieder. Und dann machen wir das
Hebkuchenlaus. Äh. Lebku-
chenhaus. OK?"
Und dann drückte Mama Ma-
rie ganz fest und das half immer. Selbst gegen das Buchstabenverwechseln.

"Na gut", sagte Marie
nach der festen Umarmung.
"Dann lass uns mal das Leb-
ku-chen-haus machen!"

17

Lebkuchenhaus
aus Butterkeksen

Zutaten

Butterkekse

Zuckerguss (Puderzucker und Wasser oder Zitronensaft)

Zuckerperlen, Smarties und andere süße Sachen zum Verzieren

Zubereitung

Für ein Häuschen entweder
3 (Variante A) oder
4 (Variante B) Butterkekse.

Variante A - 3 Butterkekse

- Ein Butterkeks dient als Boden. Die Ränder mit Zuckerguss einpinseln
- Zwei Butterkekse wie ein Kartenhaus mit Zuckerguss auf den Boden kleben
- Verzieren und dekorieren

Variante B - 4 Butterkekse

- Die Butterkekse wie oben gezeigt vorsichtig zuschneiden
- Dann so mit Zuckerguss festkleben
- Verzieren und dekorieren
- Trocknen lassen

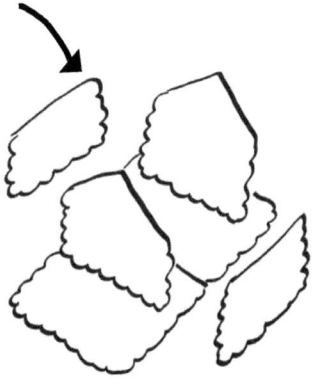

Die Lebkuchenhäuser aus Butterkeksen waren wirklich wunderschön. Und Marie hatte so viel Zuckerperlen gekostet, dass sie sie fast in ihrem Bauch kullern hören konnte.

„Hör mal, Mama!", sagte Marie. „Die Puckerzerlen in meinem Bauch!"

Sie hatte es noch gar nicht ganz ausgesprochen, da wurde sie wieder etwas sauer und traurig. Puckerzerlen. So was!

Mama streichelte ihr über den Kopf.

„Mama?", fragte Marie daraufhin. „Können wir noch einen neuen Zettelwunsch schreiben?"

„Einen neuen Wunschzettel?", wunderte sich Mama.

„Ja, genau", antwortete Marie.

„Ok, ist gut", sagte Mama. „Aber in ein paar Tagen ist Weihnachten. Wahrscheinlich hat das Christkind schon sehr viel zu tun… Ich weiß nicht, ob ein Wunschzettel noch rechtzeitig ankommt. Aber versuchen können wir es ja."

Marie nickte. Und dann diktierte sie Mama, was sie auf den Wunschzettel schreiben sollte.

Liebes Christkind!

Hier ist Marie.
Eigentlich habe ich mir ja ein neues Rad-
fahr gewünscht. Und das Beschichten-
guch. Aber das ist gar nicht mehr so wich-
tig. Ich wünsche mir dieses Jahr nur eins:

Bitte mach, dass ich mit dem
Stabenbuch-Verwechseln aufhöre.
Vielleicht gibt es dafür ja einen
Sprauberzuch?
Mit Kadabraabra oder so was?
Vielen Dank.

Deine Marie

Mama und Marie legten den Wunschzettel in einen Umschlag und dann steckten sie ihn oben auf das Vogelhaus im Garten. Vielleicht würde das Christkind ihn noch abholen und Marie den größten ihrer Wünsche erfüllen. Sie hoffte es sehr.

Und wer, Bitteschön, schlief denn da unter dem Vogelhaus?

Genau! Kater Kunibert!

„Juhu! Kuni! Da bist du ja!", rief Marie und drückte Kunibert fest an sich. Denn sie war sehr froh, dass ihr Freund wieder da war.

Und dann, ein paar Tage später, war endlich,
endlich der Heilige Abend, auf den sich Marie
so lange schon gefreut hatte.

Das Weihnachtszimmer strahlte und funkelte, der Christbaum war wunderschön geschmückt, alles duftete nach Mamas Weihnachtsplätzchen, Zimt und Orangen. Ja, Weihnachten war wirklich das Schönste, das sich Marie nur vorstellen konnte.

Und mitten auf dem größten Ast des Tannenbaums, direkt neben einer roten Kugel, steckte ein goldener Umschlag mit ganz viel Glitzerstaub.

„Ich glaube, der ist für dich", sagte Papa zu Marie und reichte ihr den goldig-glitzernden Umschlag. Marie öffnete ihn mit großen Augen, ihr Herz hüpfte ziemlich schnell, denn sie war sehr gespannt, was auf der Karte stand, den sie aus dem Umschlag gezogen hatte.

Liebe Marie!
Danke für deinen Wunschzettel, ich habe ihn sehr aufmerksam gelesen. Leider kann ich Dir keinen Zauberspruch schenken, der gegen das Buchstabenverwechseln hilft.
Ich weiß aber, dass du ihn in dir trägst. Und eines Tages wirst du den Zauberspruch finden. Denk daran: Du musst nur ganz fest an dich glauben. Ich tue es jedenfalls. Ich glaube an dich.
Dein Christkindchen

Marie war sehr enttäuscht, und außerdem war sie sehr traurig, dass ihr das Christkind nicht den allergrößten Wunsch, den sie je gehabt hatte, erfüllen konnte.

Und weil manchmal auch Mama und Papa sie nicht so recht trösten konnten, setzte sich Marie zu Kater Kuni auf den Boden unter den Weihnachtsbaum und dachte nach.

Wo sollte denn der Zauberspruch sein? So in Marie drin. Sie glaubte nicht daran, dass sich ein Spruch in ihr versteckte.

Schon gar kein Zauberspruch.

„An mich glauben...", murmelte Marie und kraulte Kunibert unter seinem weichen Kinn. Kuni schnurrte - und das beruhigte Marie immer sehr. Dann wurde sie immer ein bisschen müde und wenn sie traurig war, ging es ihr gleich schon wieder etwas besser.

„Du?", flüsterte Marie in Kunis Katzenohr. „Vielleicht versuche ich es einfach mal. Wenn das Kindchrist an mich glaubt, kann ja eigentlich nichts schief gehen."

Der Kater schnurrte und zuckte mit seinen Öhrchen. Dann lief er über Maries Schoß und sein Schwanz kitzelte dabei Maries Nase.

Marie kicherte.

„Bannentaum und Katzenschwanz, mach meine Worte wieder ganz! Zack Zack!", kicherte Marie und sagte dann, weil sie ja ausprobieren wollte, ob ihr Zauberspruch funktioniert hatte: „Hebkuchenlaus!"

Oh nein, das war wohl nicht der richtige Spruch. Marie musste einfach ein bisschen fester an sich selbst glauben, fand sie. Also probierte sie es noch mal:

„Tannenbaum und Schwatzenkanz, mach meine Worte wieder ganz! Zack Zack!"

Und dann sagte sie wieder: „Hebkuchenlaus!"

Kunibert legte sich auf Maries Schoß und schnurrte extra laut, denn Marie, das spürte er sehr deutlich, wollte genau in diesem Moment aufgeben. Aber weil das Schnurren Marie wieder ein bisschen beruhigte, flüsterte sie: „Kuni. Einmal probiere ich es noch. Jetzt muss es klappen. Ich weiß doch, dass ich es kann!" ...

„Tannenbaum und Katzenschwanz, mach meine Worte wieder ganz! Zack Zack!"

Und dann passierte etwas Merkwürdiges: Marie hickste so laut, dass der Tannenbaum zitterte und eine rote Kugel auf den Boden plumpste. Dann hickste sie noch mal:

Marie   hatte Schluckauf!

Marie hatte den stärksten Schluckauf, den sie je gehickst hatte. Kater Kuni hüpfte auf ihrem Schoß herum, was Marie sehr lustig fand. Und Kuni auch.

„Seltsam", murmelten Maries Eltern. „Genauso hörte sich auch unser Schluckauf an, als Marie in der winterkalten Nacht geboren wurde..."

Marie hickste und lachte und Kunibert schnurrte und der Tannenbaum wackelte ein bisschen dabei, und strahlte sein schönstes Weihnachtsbaumleuchten.

Dann kletterte Marie unter dem Tannenbaum hervor und sagte ganz laut: „LEBKUCHENHAUS! „... hicks... FAHRRAD! GESCHICHTENBUCH! KÄSEBROT! KUNIBERT!"... hicks... „ZAUBERSPRUCH!" ... hicks... „ABRAKADABRA!"... hicks... „ZACK ZACK!"

Alle schauten sich ganz erstaunt und sehr verwundert an. Hatte Marie wirklich den Zauberspruch gegen das Buchstabenverwechseln gefunden? Oder hatte es etwas mit ihrem Schluckauf zu tun? Oder aber hatte Marie ganz einfach nur ganz fest an sich geglaubt?

Warum auch immer Marie seit diesem Heiligen Abend keine Buchstaben mehr verwechselte - das wussten sie alle nicht so genau - so war es jedenfalls das schönste Weihnachten, das sie sich nur vorstellen konnten.

Und Marie tanzte den ganzen Abend um den Tannenbaum, sang dabei: „Tannenbaum und Katzenschwanz, meine Worte sind jetzt wieder ganz! Lebkuchenhaus und Kunibert, Danke Christkind, du bist viel wert!", und ihr Schluckauf war am nächsten Tag genauso verschwunden wie das Buchstabenverwechseln.

Mal doch hier ein Bild von deinem größten Weihnachtswunsch!

Wer kommt zu dir? Der Weihnachtsmann oder das Christkind?
Mal beide aus.

www.halloliebewolke.com

Susanne Bohne betreibt aus Leidenschaft ihren Blog „Hallo liebe Wolke", auf dem sie ihre Erfahrungen aus dem Leben einer Mama teilt und Lerngeschichten für Kinder veröffentlicht. Sie schreibt Geschichten für Große und Kleine - und vor allem mit dem Herz!

Weitere Kinderbücher vom Mamablog „Hallo liebe Wolke"/Susanne Bohne:

Lerngeschichten mit Wilma Wochenwurm
Für Kinder ab 4 Jahren
ISBN: 978-3752806458

Lerngeschichten mit Wilma Wochenwurm - Teil 2
Herbst - Winter - Weihnachten
ISBN: 978-3752896909

Ab 17.12.2019 im Handel: „Das schräge Haus" - ein Liebesroman. (rororo)

Ein Roman voller liebenswert verschrobener Figuren, der zeigt: Egal wie schräg – irgendwie wird es schon gehen, im Leben. Das tut es immer. Und manchmal wird es sogar richtig schön.

Rowohlt Taschenbuch
ISBN: 978-3499000515